AF177315

Stefan Fourier

Wenn ein Ton zur Wahrheit führt

**Eine Geschichte über das,
was uns zu Menschen macht.**

ⓣ tredition

© 2024 Stefan Fourier

Druck und Distribution im Auftrag des Autors
tredition GmbH, Heinz-Beusen-Stieg 5, 22926
Ahrensburg, Deutschland

ISBN
Hardcover   978-3-384-40386-5
Paperback   978-3-384-40385-8

Niemand wird allein zum Menschen,
dazu braucht es immer die anderen

Bevor Christoph die Stufen zur Laderampe betritt, hält er kurz inne. Sein Blick schweift zurück und erfasst das Gelände vor dem alten Werksgebäude. Eine weite Rasenfläche erstreckt sich bis zur Straße. Mit ihrem frischen Grün hebt sie sich wohltuend ab vom Grau des Industriegebiets.

Christoph hat sich mit diesem Firmengelände und dem eigenwilligen Gebäude einen Traum erfüllt. Inmitten alter Industriebauten war eine Oase der Frische und Schönheit entstanden. Sein Werk, sein Unternehmen. Die Flächen für die parkenden Autos verteilen sich locker über das ganze Gelände, in dessen Mitte ein altes Werksgebäude steht. Es wurde bereits in den ersten Jahren des 20. Jahrhunderts erbaut, hat viele unterschiedliche Besitzer gehabt. Als Christoph es vor zehn Jahren erwarb, hatte der Zahn der Zeit mächtig an ihm genagt. Unter Leitung eines fähigen Architekten war dann nach Christophs Ideen ein wahres Schmuckstück entstanden, in dem sich Funktionalität und Ästhetik vereinen.

Christophs Blick bleibt an den Obstbäumen hängen, die den schotterigen Anfahrtsweg säumen. Kirschen, Äpfel und Birnen. Unter seinen Mitarbeitern sind nicht wenige, die sich in jedem Jahr auf die Ernte freuen. Christoph schmunzelt und steigt die wenigen Stufen auf die seitlich an das Gebäude angelehnte Rampe. Den Aufgang zum Werksgebäude hatte er in seinem Ursprungszustand belassen, wie auch die Fassade des Gebäudes. Backstein, große Industriefenster mit stählernen Sprossen. Es war nicht einfach gewesen, darin moderne Verbundmaterialien einzupassen und trotzdem das alte Aussehen zu bewahren. Aber Christoph hatte den Kontrast gewollt zwischen dem alten Gründerzeitgebäude und dem, was seine Besucher, Kunden und Geschäftspartner im Inneren erwartet.

Hinter der schweren Eisentür, die sich überraschend leicht schwenken lässt, öffnet sich eine moderne Welt. Die schwarzen Steine des Fußbodens glänzen. Die Wände sind grau und beige. Überall prangen weiße Orchideen. Wenige

Sitzmöbel stehen locker verteilt vor einem eleganten Tresen. Heute sind darauf Gläser mit Sekt, Orangensaft und Wasser arrangiert. Drei junge Frauen sind mit den letzten Vorbereitungen beschäftigt.

Der Manager der Cateringfirma, ein noch junger Mann, eilt auf Christoph zu.

„Wir sind gerade bei den letzten Arbeiten, haben auf die Minute alles geschafft", strahlt er stolz. „Es ist alles wunderbar geworden. Ich hoffe, dass wir Ihre Vorstellungen getroffen haben."

Beflissen weist er mit dem Arm auf die weit geöffnete Flügeltür, die in den großen Versammlungsraum führt. Christoph betritt den Raum und schaut sich um. Nichts erinnert mehr an die nüchterne Geschäftsatmosphäre, die der Raum sonst ausstrahlt. In der Mitte steht eine prächtig dekorierte Tafel. Genau einundfünfzig Personen sollen daran Platz finden. Es ist Christophs fünfzigster Geburtstag. Fünfzig Gäste, für jedes Jahr einer, war Christophs Idee gewesen. Automatisch beginnt er, die hochlehnigen Stühle zu zählen. An der gegenüberliegenden Stirnseite der Tafel befindet sich sein Sitz, prominent in der Mitte. Links und rechts von ihm ist freier Raum, bevor die nächsten Stühle kommen.

In der Mitte des Tisches thront ein riesiges Blütenarrangement. Es ist ein Traum von Frische und üppiger Pracht. Dazu die schlichte Eleganz des feinen Porzellans, funkelnde Gläser und dezentes Besteck.

„Das haben Sie prima hinbekommen", sagt Christoph zu dem neben ihm stehenden Manager. Dessen gespannte Miene hellt sich auf. Er strahlt.

„In den Nebenräumen ist auch alles vorbereitet, so dass wir zügig servieren können, wenn es so weit ist. Wann werden die Gäste kommen?", möchte er wissen.

„Das kann man nie so genau sagen. Ich denke, in einer Viertelstunde müssen wir mit den ersten rechnen. Einige fühlen sich nur wohl, wenn sie früher da sind", antwortet Christoph und grinst in sich hinein. Auf jeden Fall würde Koslowski, sein Finanzchef, vor der Zeit kommen. Christoph schaut auf die Rolex, die seine Frau ihm heute Morgen als Geburtstagsgeschenk überreicht hat. Er muss sich erst wieder an die Analoganzeige gewöhnen.

„Meine Familie wird in einer halben Stunde eintreffen. Ich mache noch eine kurze Runde und bin dann vorn am Eingang, um die Gäste zu begrüßen. Ist denn Frau Schubert schon da?", setzt er hinzu und schaut sich suchend nach seiner Sekretärin um. In dem Moment kommt sie bereits eiligen Schritts den Gang entlang, der zu den Toiletten führt.

„Ich habe gerade noch einmal alles überprüft", sagt sie mit ihrer hohen Stimme, die oft an die eines kleinen Kinds erinnert. Er hatte sich anfangs nur schwer an diesen Klang gewöhnen können, aber inzwischen schätzt er Frau Schubert über alle Maßen. Es gibt nichts, was sie nicht regeln und organisieren könnte.

„Und, alles in Ordnung?", fragt er, obwohl er weiß, dass es gar nicht anders sein kann.

„Klar doch", antwortet sie und ein feines Lächeln überzieht ihr Gesicht. Dadurch bekommt ihre Strenge, die durch das nach hinten gekämmte und im Nacken in einem Knoten zusammengehaltene, dunkle Haar besonders unterstrichen wird, einen mütterlichen Ausdruck.

„Ich bin jetzt bereit, Ihnen die Gäste nach der Begrüßung abzunehmen und sie zu ihren Plätzen zu geleiten", sagt sie. „Aber Sie dürfen sie nicht zu schnell durchreichen", ergänzt sie noch.

Christoph schmunzelt, weil sie ihm das bei den Vorbereitungsgesprächen in den letzten Tagen schon mehrmals gesagt hat. Er nickt ihr und dem

Manager kurz zu und geht in die Eingangshalle zurück. Von dort führt eine geschwungene Treppe ins Obergeschoss. Christoph läuft den Gang entlang in sein Büro. Zwar nutzt er es kaum für seine Arbeit, denn wenn er nicht sowieso in einem Meeting ist oder in einem der Labore herumkriecht, sitzt er am liebsten zwischen seinen Mitarbeitern in einem der größeren Arbeitsräume. Da hat er alle Informationen aus erster Hand und außerdem eine bessere Kontrolle. Ein schöner Nebeneffekt ist, dass die Mitarbeiter sich ihm näher fühlen. Das nährt seinen Ruf, über große Empathie zu verfügen.

Trotzdem schien es ihm immer nötig, als Chef eines hochprofitablen Unternehmens ein repräsentatives Büro zu besitzen. Schließlich will er Erfolg ausstrahlen und seine Besucher beeindrucken. Christoph ist stets darauf bedacht, für sich ein besonderes Image aufzubauen. Das betrifft nicht nur die Wirkung nach außen, mit der er seinen und den Erfolg der Firma zeigt, innovativ und trotzdem seriös. Auch gegenüber den Mitarbeitern ist Image wichtig. Da geht es ihm allerdings mehr darum, Verbundenheit und Empathie zu demonstrieren, nahbar zu sein und Teamgeist zu erzeugen. Christoph versucht immer, sich so zu zeigen, wie er glaubt, dass es für seinen Erfolg wichtig ist.

In diesem Raum hat alles angefangen, in der damals noch verwahrlosten, nicht sanierten Fabrikhalle. Hier war ihm vor vielen Jahren in einer langen Abendsitzung mit seinen engsten Mitarbeitern die entscheidende Idee gekommen, die alles umkrempelte und seine Firma auf Erfolgskurs brachte. Das Gebiet zwischen Molekularbiologie und Mathematik hatte sich als äußerst innovativ und einträglich erwiesen. Im Verlaufe von knapp zehn Jahren war sein Unternehmen vom Start-up zum ‚Einhorn' geworden. Den Wert von einer Milliarde hatten sie vor drei Jahren überschritten, und es ging immer weiter bergauf.

Christoph betritt den Raum, bleibt in der Mitte stehen und schaut sich um. Eleganter Schreibtisch, auf dem nichts herumliegt. Eine trauliche Sitzecke. An den Wänden moderne Malerei von Künstlern, die er alle persönlich kennt und fördert.

Christoph atmet tief durch. Er will jetzt nicht in nostalgische Stimmung fallen. Die letzten Tage, in denen er sich mit der Vorbereitung des Empfangs und vor allem mit seiner Rede beschäftigt hat, haben bereits genug Vergangenheit in ihm bewegt. Ach ja, die Rede. Er geht zum Schreibtisch, zieht den oberen Schub auf und nimmt das Manuskript heraus. Er schaut auf die Blätter, auf denen er seine Gedanken notiert hat. Aber ihm fehlt jetzt die Konzentration, um sich noch einmal hineinzuvertiefen. Er faltet sie zusammen und steckt sie in die Innentasche seines Jacketts. Dann verlässt er den Raum und begibt sich nach unten in den Eingangsbereich.

Gerade als er die letzte Stufe hinabsteigt, kommt sein Finanzchef durch die geöffnete Außentür in die Eingangshalle.

„Koslowski", ruft Christoph erfreut und eilt auf ihn mit ausgebreiteten Armen zu. „Wie schön, dass Sie es möglich gemacht haben. Wir haben ja wirklich eine lange Wegstrecke gemeinsam zurückgelegt. Das macht mich stolz und dankbar."

Vor dem letzten Wort macht er eine winzige Pause, damit seine Dankbarkeit genügend bemerkt werden kann. Er wird diesen Satz in der gleichen Betonung heute noch einige Male benutzen. Jetzt, beim ersten Mal, kommt er ihm noch ein wenig eingeübt über die Lippen, später wird er mehr und mehr zur Routine werden.

Andreas Koslowski freut sich über die Begrüßung. Er ist zehn Jahre älter als Christoph und war früher bei einem großen, internationalen Konzern im oberen Management beschäftigt. Dann, als sein eigenes Unternehmen zu wachsen begann, hatte Christoph ihn abgeworben. Koslowski hielt ihm seitdem in allen finanziellen und organisatorischen Dingen den Rücken frei.

Die beiden Männer schütteln sich die Hände. Genau in diesem Moment bekommt Christoph einen kräftigen Schlag auf die Schulter.

„Jetzt kommt erstmal die Familie dran", dröhnt die laute Stimme seines Bruders. Er, obwohl einige Jahre jünger, überragt Christoph um Haupteslänge, packt ihn an beiden Schultern und zieht ihn kräftig an seine Brust.

„Herzlichen Glückwunsch zum Fünfzigsten", raunt er ihm ins Ohr. Dann hält er ihn mit beiden Armen an den Schultern und grinst ihn breit an. „Dann gehörst du also jetzt zum alten Eisen." Mit diesen Worten lässt er Christoph los, geht kurz in Boxerstellung und lacht dröhnend, während er sich wieder aufrichtet.

Christoph löst seinen Blick, schaut an ihm vorbei und sieht seine Mutter. Er schiebt den Bruder beiseite und wendet sich ihr zu. Mutter schluchzt kurz auf. Dann erstrahlt auf ihrem Gesicht ein Lächeln, hell wie der Morgen und voll reiner Freude.

„Ich bin so stolz auf dich", sagt sie mit bewegter Stimme und umarmt ihn. „Es ist schön, dass wir bei deinem Empfang dabei sein dürfen."

Christoph lächelt verlegen und wendet sich seinem Vater zu, der neben ihr steht. Er ist ganz alte Schule, im dunklen Anzug, mit korrekt gebundener Krawatte und schwarzglänzenden Schuhen. Er hat sein Leben lang als Ingenieur gearbeitet, ist kein Freund vieler Worte.

„Alles Gute zum Geburtstag", sagt er trocken und schüttelt Christoph mit beiden Händen die Rechte. Der Stolz auf seinen Ältesten schnürt ihm die Kehle zu.

„Ich schätze, du bist heute hier der Einzige mit Krawatte", stichelt Christoph lachend und löst damit die Anspannung bei allen Beteiligten auf.

„Irene, komm doch hier neben mich", wendet sich Christoph mit einer einladenden Handbewegung seiner Frau zu, die sich bisher im Hintergrund gehalten hat. Jetzt stellt sie sich an seine Seite, um mit ihm die nächsten Gäste zu begrüßen. Vor einigen Tagen hatte sie sich noch geweigert, mit Christoph im Vordergrund zu stehen. Aber er hatte darauf bestanden und immer wieder auf sie eingeredet. Es war ihm einfach wichtig, sie an seiner Seite zu haben. Was hätten denn sonst die anderen Gäste denken sollen. Zwar wussten die meisten, dass er vor lauter Arbeit kaum Zeit für sie und die Familie hatte, aber bei diesem Anlass sollte es schon so aussehen, dass sie ein perfektes Team sind.

Ihre beiden fast erwachsenen Söhne nicken dem Vater kurz zu und bewegen sich dann lässig in Richtung der bereitstehenden Sektgläser. Während sie zugreifen, kreuzen sie ihre Blicke mit denen der jungen Frauen, die vor dem Empfangstresen stehen und routiniert lächeln.

Nacheinander treffen immer mehr Gäste ein. Christoph nimmt sich für die Begrüßung eines jeden Zeit. Er wechselt einige persönliche Worte, bewundert die mitgebrachten Geschenke und reicht sie dann an Frau Schubert weiter. Irene steht neben ihm und lächelt tapfer. Die wenigen der Ankommenden, die sie kennt, sind Mitarbeiterinnen und Mitarbeiter aus dem direkten Führungskreis ihres Mannes. Seine Vertriebsleiterin Babette Asshoff legt in ihrem gewagten Cocktailkleid einen bemerkenswerten Auftritt hin. Der Chefmathematiker Klaus Findeisen, ein baumlanger Asket und Teilnehmer an der denkwürdigen Abendsitzung vor zehn Jahren, brummelt wie immer unverständlich vor sich hin und schlüpft schnell an ihr vorbei.

Andreas Koslowski hat sich noch einmal in der Reihe angestellt, schließlich ist er die Korrektheit in Person und will keine Extrarolle spielen, zumindest keine sichtbare. Jetzt geht er auf Irene zu.

„Ein großer Tag ist das heute, ein großer Tag", sagt er. „Wir alle haben Ihrem Mann viel zu verdanken. Er hat die Firma aus dem Nichts aufgebaut. Sehr beeindruckend." Er beugt sich leicht nach vorn in ihre Richtung, deutet einen Handkuss an und geht dann zu Frau Schubert, die ihn in den Saal zu seinem Platz an der Tafel geleitet.

Inzwischen ist Christoph in ein angeregtes Gespräch mit Agnes Wehmeyer, der Einkaufsleiterin seines wichtigsten Kunden, vertieft. „Ich freue mich schon darauf, Ihnen morgen unsere neuesten Entwicklungen vorzustellen. Schließlich muss sich Ihre weite Anreise ja lohnen", sagt er. „Schön, dass Sie da sind. Wir haben zusammen viel erreicht in den letzten Jahren", schmeichelt er ihr. „Das macht mich stolz und dankbar."

Es folgen weitere Gäste, Mitarbeiter, Geschäftspartner, ein paar alte Freunde, mit denen Christoph noch aus Studienzeiten Kontakt hat. Schließlich betritt ein weißhaariger älterer Herr den Raum. Gemessenen Schritts geht er lächelnd auf Christoph zu.

„Herr Professor Becker", ruft Christoph und geht mit ausgestreckten Händen auf den

Ankommenden zu. „Ich bin so froh, dass Sie meiner Einladung gefolgt sind. Ich habe Ihnen so viel zu verdanken. Dass Sie hier sind, macht mich stolz und dankbar."

Der Angesprochene bleibt ungerührt bei seinem Lächeln und tätschelt Christoph die Hand. „Muss mir ja mal anschauen, was aus Ihnen geworden ist", sagt er leise und wendet sich dann Irene zu.

Schließlich, als einer der letzten, erscheint Dr. Rainer Kampus, der Vorsitzende des Wirtschaftsausschusses, der Christoph und seine Firma in den zurückliegenden Jahren sehr gefördert hat.

„Ich freue mich wirklich sehr, dass Sie meiner Einladung gefolgt sind", umschmeichelt ihn Christoph. „Vielleicht haben sie morgen Vormittag noch ein Stündchen Zeit übrig, um an der Präsentation unserer neuesten Entwicklung teilzunehmen. Das ist eine kleine Sensation – ich verspreche nicht zu viel – und bestimmt für Ihr Resort von großem Interesse."

„Das klingt ja sehr interessant", entgegnet Kampus und überreicht die mitgebrachten Blumen. „Der Termin ist zwar ein bisschen knapp, aber ich kann es einrichten."

Die meisten Gäste haben bereits an der Tafel Platz genommen. Einige Nachzügler beeilen sich. Die Gespräche ebben ab, als Christoph als Letzter den Raum betritt, ihn entlang der großen Fensterfront durchquert und seinen Platz an der Stirnseite einnimmt. Er setzt sich und widmet sich zunächst der Menükarte, tauscht ein paar Bemerkungen mit den Nächstsitzenden aus. Dann macht er dem Manager der Cateringfirma ein Zeichen, die Gläser der Gäste zu füllen. Der edle Champagner findet seinen Weg.

Christoph schaut in die Runde. Alle Gläser sind gefüllt. Die Gäste unterhalten sich leise. Hin und wieder springt ein Lachen aus dem Gemurmel. Jeder ist mit dem Tischnachbarn beschäftigt. Viele kennen sich durch die gemeinsame Arbeit, andere aus früheren Tagen. Einige wenige sind neu in dem Kreis und bemüht sich bekanntzumachen. Alle rechnen sie mit der üblichen Rede, wie sie ein gerade fünfzig Jahre alt gewordener Geschäftsmann anlässlich seines Jubiläums eben so hält, und nach der das Essen serviert wird. Eine Rede über Erfolg, harte Arbeit und Dankbarkeit.

Christoph hat sich alles zurechtgelegt. Nicht nur das, er hat richtig geübt, einige Male. Es ist ihm wichtig, all die Menschen zu würdigen, die ihn im Laufe seines Lebens begleitet haben. Jeder der Anwesenden hatte irgendwann einmal Anteil an seinem Vorankommen gehabt. Viele haben ihn gefördert, manch einer hat ihn herausgefordert, gemeinsam haben sie gekämpft, Schwierigkeiten überwunden und Siege gefeiert.

Christoph hatte einige Male ein eigenartiges Gefühl beschlichen, als er sich auf diesen Tag vorbereitete. Immer mehr Menschen tauchten aus der Vergangenheit vor seinem geistigen Auge auf, immer mehr Details fielen ihm ein. Gefühle von Dankbarkeit und Geborgenheit erfüllten ihn. Jeder Mensch in seiner Welt war wichtig und hatte ihm geholfen, dahin zu kommen, wo er jetzt stand. Auf dem Höhepunkt. So weit war alles klar und entsprach genau dem, was man in solch einer Rückschau erwartete. Und trotzdem war da irgendwo im Hintergrund ein störendes Gefühl, ein leiser, bohrender Gedanke. War es Eifersucht, war es Geltungsbedürfnis, war es der Anspruch des Alphamännchens? Du willst doch nicht als Egoist gesehen werden, ermahnte er sich dann und schob den Gedanken beiseite.

Christoph nimmt jetzt die Manuskriptblätter aus der Brusttasche und legt sie vor sich hin. Er freut sich auf die Rede. Er würde mit seiner Kindheit beginnen, ein paar lustige Begebenheiten zum Besten geben. Die Gäste würden wohlwollend kichern, auch wenn nur die wenigsten von ihnen einen Bezug zu seinen frühesten Jahren hatten. Tief im Innern würde sich vermutlich jeder an seine eigene

Kindheit erinnert fühlen. Seine Eltern würden strahlen. Mutter wäre bewegt, Vater zurückhaltend stolz, wenn sie hörten, was sie alles für ihn entbehrt und wie sie ihn gefördert hatten. Sie würden seine Dankbarkeit spüren.

Dann die Schulzeit. Dass er nicht unbedingt ein fleißiger, strebsamer Schüler war, sein Vater und ein ganz besonderer Lehrer ihn immer wieder auf den rechten Weg bringen mussten, all das würde Schmunzeln und wohlwollendes Nicken ernten. Dann der nahtlose Übergang zu seiner Jugendliebe, mit der er seit dem Studium zusammen war. Irene hatte immer zu ihm gestanden, für ihn und die Kinder ihren Beruf aufgegeben, ihm den Rücken freigehalten. Sein mit vibrierender Stimme vorge-tragenes „ohne dich hätte ich es niemals geschafft" musste ein Lächeln auf ihr Gesicht zaubern. Die Gäste würden verstehend nicken. Vielleicht könnte der eine oder andere Blick durch den Raum irren in der Ahnung, dass sich hinter dieser Idylle eine Menge Schmerz verbarg.

Deshalb würde Christoph dann einen schnellen Übergang zum Beginn seiner beruflichen Laufbahn machen. Die ersten Jahre, geprägt durch Professor Becker, seinen verständnisvollen Vorgesetzten, der Christoph ein strenger Lehrer und väterlicher Freund war. Die meisten der Gäste kannten und schätzten ihn. An dieser Stelle würde Christoph sich Zeit nehmen, durch die Tischreihen zu dem Angesprochenen hingehen, ihm ein kleines Büchlein zum Andenken überreichen, selbstverständlich mit einer dankenden Widmung versehen.

Dann käme der Höhepunkt der Rede: Der große Durchbruch. Erst die Übernahme der Firma, dann zwei Jahre später die entscheidende Idee, danach Unmengen an Arbeit zum Nachweis des neuen Funktionsprinzips in der Praxis, Lizenzvergabe, endlose Versuchsreihen zur Skalierung und Einführung in die Massenproduktion. Einige der Gäste waren von Anfang an dabei gewesen, andere sind im Laufe der Jahre dazugestoßen. Alle hatten sie Christoph unterstützt und ihm und der Firma zum

Erfolg verholfen. Mit dieser Geschichte würde er sie bei seiner Rede erreichen. Die gemeinsamen Erlebnisse hatten sie zusammengeschweißt. Sie kämpften Seite an Seite, mussten viele Schwierigkeiten überwinden. Christoph würde mit eindringlichen Bildern die Erinnerungen beschwören, an die vielen ungewissen Momente und die jahrelangen Patentstreitigkeiten erinnern. Und schon wäre er da, der gemeinsame Geist, das Gefühl zusammenzugehören, sich aufeinander verlassen zu können. Und ihr gemeinsamer Weg war noch nicht zu Ende. Mit einem Ausblick auf eine wunderbare Zukunft wollte Christoph sie alle ermutigen, an seiner Seite zu bleiben. Am Schluss würde er seinen Wahlspruch schmettern: Gemeinsam besser!

All das hatte sich Christoph zurechtgelegt. Es war das, was er glaubte. Es entsprach seinem Wesen, so wie alle ihn kannten, und wie er sich selbst sah.

Wenn da nur nicht immer dieser Zweifel gewesen wäre. In den Tagen vor dem Jubiläum, beim Erarbeiten der Rede, war er immer wieder in ihm aufgestiegen. Was schlummerte da noch unter der Oberfläche? Wie groß war sein Anteil am Erfolg wirklich, wie groß der der anderen? Machte er sich etwas vor, wenn er glaubte, einem bestimmten Bild entsprechen zu müssen?

Seine Mutter und sein Bruder hatten ihm immer vorgeworfen, egoistisch zu sein, während der Vater seine Selbstgewissheit gestärkt hatte. Seine Mutter mahnte ihn zur Bescheidenheit, der Vater trieb ihn zum Selbstbewusstsein. Schnell hatte er gelernt, dass es für ihn besser war, den Menschen um sich herum den bescheidenen, empathischen, von Teamgeist beseelten Chef zu zeigen. Aber war das aufrichtig? Schlummerte in ihm nicht ein großer Egoist? Was war an ihm, an seinem Auftritt und an seinem Image echt und was war aufgesetzt und hatte nur den Zweck, seine Ziele zu erreichen?

Christoph erhebt sich von seinem Platz am Stirn-
ende der Tafel und blickt über die Szenerie. Dunkel-
blaue Tücher liegen über den Tischen. Das edle
Weiß des Fürstenbergporzellans bildet einen aus-
drucksstarken Kontrast. Daneben liegen exakt aus-
gerichtet die silbernen Bestecke. Bei jedem Gedeck
steht eine Auswahl exquisiter Gläser. Christoph ist
zufrieden mit dem Bild. Er schaut in die Runde.

Jetzt werden einige der Gäste aufmerksam. Sie
blicken zu ihm nach vorn und schweigen erwartungsvoll. Andere unterhalten sich noch. Langsam
ebben auch die letzten Gespräche ab, ziehen sich
zurück und verstummen.

Christoph nimmt mit der rechten Hand den
silbernen Löffel, der vor ihm liegt, betrachtet ihn
kurz, sieht die feinen Linien seiner Gravur und hebt
den Blick über die Anwesenden. Mit der Linken hat
er das größte der vor ihm stehende Gläser erfasst.
Stille tritt ein.

Christoph atmet tief durch und richtet dann den Blick auf das Glas in seiner Hand. Jetzt ist der Moment gekommen, auf den er jahrelang hingearbeitet hat. Das hat nichts mit seinem Geburtstag zu tun, dieser ist nur der Anlass. Seine eigentliche Bedeutung erfährt dieser Tag durch die in den letzten Jahren angehäuften Erfolge, durch den steilen Aufstieg der Firma, seinen Weg als Unternehmer. Er ist auf dem Gipfel angekommen. Vorerst.

Dann stößt Christoph leicht mit dem Löffel ans Glas. Ein heller Ton springt auf und breitet sich im Saal aus, schwillt in Christoph an.

In diesem Moment geschieht es, genau in diesem Bruchteil einer Sekunde. Unerklärliches steigt mit dem Ton in Christoph hoch, bewegt sich mit unwiderstehlicher Macht aus den tiefsten Tiefen seines Körpers, läuft entlang der Wirbelsäule, über den Nacken bis in seine Haarspitzen. Es ist wie ein mächtiger Sog, der ihn nach oben zieht. Dann beginnt er zu sprechen.

Nein, er schreit. Mit äußerster Wucht bricht es aus ihm hervor.

„Ihr alle seid nichts im Vergleich zu mir. Was bildet ihr euch ein. Ihr glaubt, ihr hättet irgendeinen Anteil an meinen Erfolgen? Nichts davon geht auf euer Konto. Ich war es, ich ganz allein. Nur ich habe die Firma aufgebaut. Es sind meine Ideen, es war meine Arbeit. Ich habe Tag und Nacht geschuftet, alles riskiert, mich gequält und geschunden. Nur ich habe den Erfolg gemacht. Ihr habt nur immer drangehangen. Ich habe euch mitgeschleppt. Jeder von euch war Nutznießer. Schmarotzer allesamt, Besserwisser und Schwachmaten."

Es stürzt aus ihm heraus. Es ist wie eine Befreiung. Endlich liegt seine Wahrheit auf dem Tisch, unge-schminkt, unverfälscht. Er nimmt keine Rücksicht mehr auf das, was sie alle von ihm hören wollen. Sein Ego bricht sich Bahn durch die vielen Schichten von Erzie-hung, Gewohnheit, Rücksichtnahme, Feigheit und Scham. Immer schon hat es in ihm gebrodelt, dumpf, ver-deckt und heimlich, von ihm selbst unbemerkt. Immer dann, wenn er sich wieder einmal durch Bedenkenträger von einer seiner genialen Ideen abbringen ließ, hatte es sich geregt. Aber er hat nicht zugelassen, dass es die Oberhand bekam, niemals. Es durfte nicht sein, wäre schädlich gewesen. Er unterdrückte die Leidenschaft und Gewalt seines Egos. Die Vernunft und die Gepflogenheiten obsiegten. Und so nährte sich sein Ego murrend in den Tiefen seines Unbewussten, reicherte sich an, wuchs und schwieg. Bis heute.

„Alles habt ihr mir zu verdanken, alles", schreit er, und seine Augen quellen dabei aus den Höhlen. „Ich schulde euch nichts, denn was habt ihr schon für mich getan? Nichts im Vergleich zu dem, was ich für euch getan habe. Ich habe euch groß gemacht. Auf Knien müsst ihr mir danken. Ich brauche euch nicht, niemals!"

Ein leichtes Ziehen an seinem linken Ärmel. Er schüttelt es ab.

„Ja, bildet euch nur ein, dass ich euch brauchen würde, dass ich ohne euch nichts wäre. Dann arbeitet ihr besser für mich. Aber ihr irrt euch, denn ich habe alles allein geschafft und werde auch in Zukunft alles allein schaffen."

Christoph atmet schwer, hat Schaum vor dem Mund. Da ist wieder dieses Ziehen am Ärmel. Jetzt bemerkt er es und schaut zur Seite. Neben ihm steht ein Kind. Es wirkt eigenartig durchscheinend, schaut ihn mit großen Augen an. Es streckt ihm still die Hand entgegen. Christoph stößt den angestauten Atem aus und ergreift zögernd die Hand des Kindes. Mit der ersten Berührung beginnt das Kind zu wachsen. Es wird größer und größer, überragt Christoph. Von einer goldenen Aura umgeben wandelt es sich zu einem mächtigen Erzengel, athletische Gestalt mit entschlossenem Gesicht, die Brust gepanzert, in einem goldenen Gewand, an der Seite Lanze und Schild mit der Aufschrift ‚Quis ut Deus?' – Wer ist wie Gott?

Der Erzengel durchstößt die Decke des Saales mit seinem Flammenschwert, beseitigt den Raum, macht Christoph klein und kleiner. Der Erzengel hebt ihn empor und schleudert ihn mit Wucht gegen eine Felswand. Dort rutscht er nach unten, findet nirgends Halt.

„Du Wicht", dröhnt die mächtige Stimme des Erzengels in seinen Ohren, „was glaubst du, was du allein verrichten kannst? Ich werde es dir zeigen. Nichts. Du könntest nicht einmal überleben. Allein wärst du kein Mensch."

Christoph rollt den Abhang hinab, weiter und weiter, in eine unendlich scheinende Tiefe. Irgendwann kommt sein Sturz zum Stillstand. Es ist dunkel. Er bleibt liegen.

Langsam kommt seine Wahrnehmung zurück. Christoph erhebt sich in einem großen Saal. Überall Menschen. Sie stehen an kleinen, brusthohen Tischen in Gruppen beieinander und unterhalten sich angeregt. Christoph ist verwirrt und bewegt sich auf die Nächststehenden zu. Das ist doch Koslowski, erkennt er den ersten. Daneben steht Agnes Wehmeyer.

„Wo bin ich hier?", spricht er die beiden an. Keine Antwort. Er versucht es lauter und geht dabei näher *heran. Sie reagieren nicht, sondern unterhalten sich ein-fach weiter. Koslowski hebt sein Glas und prostet Agnes Wehmeyer zu. Dann dreht er sich um, geht an Christoph vorbei, ohne ihn wahrzunehmen und begibt sich an den Nebentisch. Christoph folgt ihm und versucht es bei der nächsten Gruppe, zu der auch Dr. Kampus gehört.*

„Schön, Sie hier zu treffen", beginnt er höflich. Es verhallt ungehört. Christoph versucht es noch einmal, wieder ohne Erfolg. Die Menschen bemerken ihn nicht. Er scheint für sie nicht zu existieren.

Das kann doch nicht sein. Wo bin ich hier hingeraten? Christoph schaut sich irritiert um. Kein Zweifel. Überall stehen Menschen und unterhalten sich. Manche scherzen miteinander, andere wiederum scheinen ernste Themen zu diskutieren. Allerdings: Christoph kann kein Wort verstehen. Das fällt ihm jetzt erst auf. Es herrscht voll-kommene Stille, obwohl alle miteinander und durchei-nander zu reden scheinen. Er macht einen Schritt auf die Gruppe zu.

„Können Sie mich verstehen? Können Sie mich hören?", ruft er mit wachsender Lautstärke. Aber niemand reagiert. Kein Blick hebt sich. Weder Koslowski, der sonst immer sofort reagiert, wenn Christoph ihn anspricht, noch die Umstehenden, von denen Christoph einige flüchtig, andere näher kennt, nehmen irgendwie Notiz von ihm. Es sind alles Bekannte aus beruflichen Zusammenhängen. Mit vielen hat er bereits Geschäfte gemacht. Dort steht sogar Babette Asshoff, die Vertriebsleiterin seiner eigenen Firma.

„Hallo Babette, was machst du hier?", geht er voller Hoffnung auf sie zu. „Kannst du mir sagen, was hier los ist? Ich versuche ins Gespräch zu kommen, aber niemand hört mich, keiner will mit mir reden."

Keine Reaktion. Er scheint für sie nicht zu existieren. Alle unterhalten sich miteinander. Er gehört nicht dazu. Mit einer schnellen Bewegung wendet sich Christoph wieder Koslowski zu, packt ihn an der Schulter und versucht, ihn zu sich herumzudrehen. Es gelingt nicht. Zwar spürt er die Berührung mit dem Stoff des Jacketts, aber sein Versuch hat überhaupt keine Wirkung. Er zieht stärker an der Schulter, setzt seine ganze Kraft ein, aber es passiert nichts. Er strengt sich mehr an, kann es ganz genau in seinem Arm spüren, aber es scheint nicht anzukommen.

„Was ist denn hier los", schreit Christoph mit wachsender Verzweiflung. „Ihr müsst mich doch bemerken."

Mit aller Kraft schlägt er Koslowski auf den Rücken. Nichts. Er rempelt Agnes Wehmeyer, die daneben mit einem Glas in der Hand steht, heftig an. Nichts. Er existiert nicht, gehört nicht dazu. Er versteht nicht, was gesprochen wird, kann nicht mitreden. Er ruft in den Wald hinein, aber nichts kommt zurück. Kein Echo, keine Reaktion, kein einziger Laut.

Panik erfasst Christoph, kriecht durch seine Adern bis in die Fingerspitzen. Verzweifelt dreht er sich in der gespenstischen Stille im Kreis. Was soll er denn machen? Hilflos irrt er von einem zum nächsten der Stehtische, von der einen zur anderen Gruppe. Aber es ist überall das

Gleiche. Er ist ausgeschlossen, kann sich nicht verständlich machen, wird nicht bemerkt.

Christoph bekommt Panik. Mit schnellen, ruckartigen Kopfbewegungen schaut er um sich. Es muss doch hier einen Ausweg geben? Irgendwo muss der Raum doch zu Ende sein? Aber da gibt es kein Ende. Überall miteinander sprechende Menschen, ein unübersehbares, unendliches Gewimmel. Die meisten sind freundlich miteinander, manche haben ernste Gesichter, streiten sich. Christoph gehört nicht dazu. Er kann sich nicht mitteilen, mit niemandem sprechen. Es ist gespenstisch.

„Wenn ihr nicht mit mir reden wollt, dann bitte schön", ruft er wütend und stampft mit seinem rechten Fuß auf. „Ich komme allein zurecht. Ich brauche euch nicht, keinen einzigen von euch", fügt er trotzig hinzu. Er setzt sich auf den Boden. Vielleicht fällt er ja dadurch auf. Bald merkt er jedoch, dass auch das zu nichts führt. Er kann machen, was er will, er gehört nicht dazu.

Christoph fühlt sich völlig leer. Er bekommt keinen Kontakt, zu niemandem. Er rappelt sich auf. Verloren steht er im Raum, kann sich nicht mitteilen, mit keinem Menschen austauschen. Er ist ein winziges Teilchen in einem riesigen Universum, ohne Kontakt mit anderen. Er hat keine Freunde, keine Gegner. Er ist allein.

Plötzlich dröhnt es in seinen Ohren, wird stärker und stärker.

„Das ist noch nicht alles", dringt eine mächtige Stimme zu ihm durch.

Wind kommt auf, wird zum Sturm, steigert sich zum Orkan. Der Erzengel erscheint und packt Christoph am Arm, reißt ihn von den Füßen, wirbelt ihn im Kreis, zieht ihn nach oben. Alle Orientierung schwindet. Dann zerrt der Erzengel ihn an den Rand eines Schlunds, stößt ihn hinab. Christoph fällt, wird hin- und hergeworfen, bis nach sich unendlich anfühlender Zeit Ruhe eintritt.

Christoph liegt am Boden. Vorsichtig tastet er um sich. Kühler Stein. Erkennen kann er nichts, aber er hört Geräusche. Ein vielstimmiges Durcheinander. Laut, kreischend. Voller Leben.

Endlich ist dieser Albtraum vorbei, denkt er, öffnet die Augen und schaut sich um. Er liegt in einem Hauseingang. Im Halbdunkel erkennt er kahle Wände, Schmiereien auf bröckelndem Putz. Auf der Straße vor ihm fahren Autos, dazwischen Fahrräder. Ein lautes Gewusel. Menschen laufen an ihm vorbei. Sie haben ihre Ziele, bewegen sich schnell, geschäftig. Sie beachten ihn nicht.

Christoph erhebt sich und tritt auf den Gehweg; der Erzengel ist hinter ihm.

Er will ihm entkommen, wendet sich nach rechts und lässt sich mit dem Strom der Menschen treiben. Er will in der Masse verschwinden; der Erzengel ist hinter ihm.

Nach einigen Schritten bleibt er stehen und schaut sich suchend um. Irgendwo muss es doch einen Ausweg geben, ein Versteck. Sein Blick fällt auf ein großes Schaufenster. Überall sieht er verlockende Dinge. Vor einem Bekleidungsgeschäft bleibt er stehen und mustert die Auslagen. Dabei blickt er sich unsicher um, ob er seinen Verfolger abschütteln konnte.

Vielleicht kann ich entkommen, denkt er, und betritt mit schnellen Schritten das Geschäft; der Erzengel ist hinter ihm.

Christoph wendet sich den Regalen mit der Herrenbekleidung zu. Er will sich ein Hemd greifen, aber seine Hand kann das Hemd nicht erreichen. Er versucht, näher heranzukommen, strengt sich an, aber es ist, als wäre vor ihm eine unsichtbare Wand. Sie drückt ihn von den Regalen weg, je näher er heranzukommen versucht.

Christoph dreht sich von dem Regal weg und geht ein paar Schritte weiter; der Erzengel ist hinter ihm.

Dort hängen Hosen auf Bügeln, der Größe nach geordnet. Bei dem Schild mit der 94 bleibt er stehen und streckt vorsichtig die Hand nach einer der Hosen aus. Er kommt nicht heran. Je stärker er drückt, desto größer wird der Widerstand.

Christoph schaut sich in alle Richtungen um. Niemand scheint ihn zu bemerken. Was ist denn hier los? Er versteht überhaupt nichts mehr. Hilflosigkeit erfasst ihn. Schnell geht er zu einem Tisch, auf dem Unterwäsche in kleinen Päckchen ausgelegt ist. Er versucht, im Vorbeigehen nach einem Bündel zu greifen, aber er kann es nicht erreichen. Er bleibt stehen und dreht sich direkt zu dem Tisch, versucht mit großer Kraftanstrengung den Auslagen näher zu kommen. Es gelingt ihm kein Stück. Je mehr er sich anstrengt, desto undurchdringlicher wird die unsichtbare Wand, desto stärker die Macht, die ihn von dem Begehrten abhält.

Christoph wird von Panik ergriffen. Er fühlt sich von allem ausgeschlossen, abgeschnitten von der Welt. Er kann an nichts teilhaben. All die Dinge, die Menschen wie selbstverständlich zur Verfügung stehen, sind plötzlich unerreichbar für ihn. Er kann nichts benutzen, was andere Menschen bereitstellen, kann mit niemandem sprechen, sich nicht austauschen. Dabei braucht er doch die anderen.

Fluchtartig verlässt er das Geschäft und stürzt auf die Straße; der Erzengel ist hinter ihm.

Christoph rennt den Gehweg entlang, stößt andere Passanten an, flieht. Der schnelle Lauf nimmt ihm den Atem, aber er wird ruhiger. Nach einigen Minuten erschöpft er sich, wird langsamer.

Christoph fällt in Schritttempo; der Erzengel ist hinter ihm.

„Was läufst du mir nach?", dreht er sich abrupt um. „Steckst du hinter diesem ganzen Unsinn? Wieso komme ich nicht an die Sachen ran, die ich brauche? Warum kann ich mit niemandem sprechen? Wieso versteht mich keiner?" In seiner Stimme liegt Verzweiflung.

Der Erzengel wendet seinen Blick zu ihm: „Du bist doch der, der alles allein kann, der niemanden braucht?".

„Aber ich will die Sachen doch nicht geschenkt haben. Ich bezahle schließlich dafür." Christophs Stimme wird weinerlich.

„Du brauchst von niemandem etwas und niemand braucht etwas von dir. Das hast du gesagt, und ich lasse es dich erleben", sagt der Erzengel mit unbewegtem Gesicht.

In Christoph bäumt sich alles auf. Er will nicht klein beigeben, nicht zugeben, wie unbedeutend und winzig er sich ohne die anderen fühlt.

„So ein Blödsinn", Christoph hebt die Stimme, dreht sich um und läuft schnell weiter; der Erzengel ist hinter ihm.

Christoph überquert die Straße und steuert auf ein Restaurant zu. Davor, auf dem Gehweg, stehen einige Tische mit bunten Tischdecken. Christoph will einen Stuhl heranziehen, um sich an einen der Tische zu setzen. Es gelingt nicht. Er kann den Stuhl kein Stück bewegen, als würde er von einer eisernen Faust an den Boden gepresst. Mit einer wegwerfenden Handbewegung gibt Christoph auf und läuft direkt auf den Eingang des Restaurants zu.

Mit großen Schritten nimmt er die wenigen Stufen und tritt durch die Flügeltür ins Innere; der Erzengel ist hinter ihm.

An der gegenüberliegenden Wand ist ein Büfett aufgebaut. Christoph tritt näher und sieht Platten mit aufgeschnittener Wurst, Käse und Schinken, daneben eine große Auswahl an Fisch. In der Mitte steht ein riesiger Korb mit Brot und duftenden Brötchen. Dann kommen Gläser mit verschiedenem Müsli, mit Nüssen und Rosinen. Auf der anderen Seite thronen Behälter mit Rührei und krossgebratenem Speck, daneben der Kaffeeautomat.

Christoph läuft das Wasser im Mund zusammen. Sein Magen verkrampft vor Hunger. Eilig geht er näher an das Büfett heran und will sich einen Teller nehmen. Vor seinem geistigen Auge sieht er bereits die Berge von Essen darauf. Der Teller liegt wie angegossen auf dem Stapel. Er kann noch so sehr an ihm ziehen, er bewegt sich keinen Millimeter. Christoph spürt den Erzengel hinter sich, blickt über die Schulter und schaut ihn grimmig an.

„Na warte mal, ob du meine nächste Attacke verträgst", zischt er wütend und stößt mit einem kräftigen Schwung seines rechten Arms an den Tellerstapel.

Nichts geschieht.

In Christoph steigt eine unbändige Wut empor. Er macht ein paar Schritte zurück, nimmt Anlauf und tritt mit voller Wucht gegen den Tisch. Der rührt sich keinen Millimeter.

„Du bekommst nichts, weil du niemanden brauchst." Das Gesicht des Erzengels ist streng und gebieterisch.

„Dann werde ich alles zerstören", schreit Christoph mit wutentstellter Stimme und nimmt einen neuen Anlauf. Umsonst.

„Selbst das gelingt dir nicht. Du brauchst niemanden. Alles Menschenwerk existiert für dich nicht. Du kannst es weder benutzen noch zerstören. Du kannst es nicht anfassen und nicht bewegen. Damit du es schätzen lernst, lass ich es dich vermissen."

Mit einem verzweifelten Aufschrei stürzt sich Christoph auf den Erzengel, will ihn packen. Der Erzengel nimmt ihn in sich auf. In diesem Sog spürt Christoph ein Meer an Liebe. Sie überwältigt ihn, löst ihn auf.

Er hört die Stimme des Erzengels: „Ich will dich nicht zerstören. Weil ich dich liebe, erteile ich dir eine Lehre, die dein Leben verändern kann."

„Wann hört das auf?", schreit Christoph.

„Du hast die Wahrheit in dir. Noch ist sie unter der Schicht deines Egos verborgen. Erst, wenn du diesen Rest abgetragen hast, wird du die Wahrheit erkennen", erklärt der Erzengel mit warmer Stimme. Sein Ausdruck wandelt sich von Strenge zu Weisheit.

Um Christoph herum zerfällt alles in viele kleine Teile. Die Welt vergeht, all seine Gefühle schwinden. Ihm ist, als fiele er in einen schwarzen, bodenlosen Abgrund, verlöre jeden Halt, löste sich auf ins Nichts.

Dann läuft die Zeit rückwärts. Nach tausenden von Jahren kehrt das Empfinden zurück. Es zieht langsam auf, erst in Bruchstücken. Dann plötzlich ist es mit grellem Schrei in ihm. Er spürt beißende Kälte. Sie schneidet wie ein scharfes Messer in seine Haut, lässt ihn sich zusammenziehen.

Er öffnet die Augen. Vor ihm ein kaum noch glimmendes Feuer zwischen Steinen. Mechanisch schiebt er einen dicken Ast nach. Eine kleine Flamme springt auf, leckt am Holz, erleuchtet die nahe Umgebung. Gestrüpp und die Stämme hoher Bäume werden sichtbar. Er lagert am Rande eines Waldes. Der Boden ist kahl, Fels ragt aus der harten Erde. Das Krächzen eines Raben durchdringt die Stille. Er schaut nach oben, kann den Vogel in der Dämmerung nicht entdecken. Enttäuscht blickt er wieder in die Flammen, die um den Ast züngeln. Er spürt seinen Hunger. Seit Tagen hat er sich von sauren Beeren und kleinem Getier ernährt. Jetzt ist er am Ende, er fühlt es nahen. Seine Kraft ist geschwunden, mit ihr sein Mut, sein Stolz gebrochen.

Er starrt in die Glut. Einsamkeit um ihn, unendliche Leere. Er spürt die Gefahr. Sie kommt aus der Dunkelheit, umschleicht ihn. Er hat keinen Schutz, ist am Ende *seiner Kräfte. Die Wölfe wissen das. Sie sind viele, schleichen heran. Sie warten auf sein Ende, nähern sich unaufhaltsam. Er spürt ihren Atem.*

Als sie zum Sprung ansetzen, ertönt ein Schrei. Sie werden zur Seite geschleudert, fliehen. Warme Hände berühren seinen Körper, heben ihn empor, stützen ihn.

Christoph hört Stimmen, Wortfetzen. Menschen sind um ihn. Sie tragen ihn, schützen ihn. Er ist in Sicherheit.

Christoph beginnt zu verstehen.

Der Ton des Glases verklingt. Christoph betrachtet den silbernen Löffel in seiner Hand. Er spürt noch die Magie des Tons, der im Raum entschwunden ist. Das Licht der Frühlingssonne dringt durch die Fenster. Es wärmt den Raum und sein Herz. Christoph sieht die Gesichter seiner Gäste vor sich. Freunde, Familie, Mitarbeiter. Sie schauen ihn erwartungsvoll an. Er spürt ihre Nähe, räuspert sich.

„Nun mach es nicht so spannend", bricht sein Bruder mit fröhlicher Stimme das Schweigen. Alle lachen. Christoph entspannt sich. Mit seinem Ausatmen fällt alles in der letzten Sekunde durchlebte Leid von ihm ab. Es wandelt sich in Wissen.

„Es fällt mir gerade schwer, die richtigen Worte zu finden, nachdem ich …", beginnt er und bricht im gleichen Moment gedankenverloren ab. Alle blicken ihn voller Spannung an.

Christoph schaut kurz vor sich auf den Tisch, auf dem das Manuskript seiner Rede liegt. Er hebt es auf, legt es zur Seite, schaut auf zu den anderen.

„Liebe Freunde", beginnt er erneut. Jetzt ist der Bann gebrochen. Christoph spricht von seiner Kindheit, von der Schule und vom Studium, von seiner Liebe und von den ersten Schritten ins Berufsleben. Er zählt die wichtigen Etappen der Firma auf, die Übernahme, das Wachstum und den endgültigen Durchbruch. Er würdigt seine Unterstützer und Mitstreiter. Er sagt alles, was er sich bereits vor

Tagen zurechtgelegt hatte. Er lässt nichts aus und erfüllt alle Erwartungen. Aber es ist nicht die Rede, die er vorbereitet hat. Sie entsteht im Moment, geformt vom Wissen um die Schwäche des Einzelnen, um die Kraft der Gemeinschaft, aus der die Stärke des Einzelnen entsteht.

Nicht allein Christophs Worte, sondern der Klang seiner Stimme, sein Zögern, seine Nachdenklichkeit erfassen jeden im Saal.

Es ist nicht das, was er sagt, sondern wie er es sagt. Es ist das Geheimnis hinter seinen Worten. Ohne es auszusprechen, füllt es den Raum mit Liebe, mit der Aura der Gemeinsamkeit, in der der Mensch erst zu dem wird, was er sein kann.

Stefan Fourier ist promovierter Physiker, war Manager, erfolgreicher Unternehmer und Unternehmensberater. Heute arbeitet er als freier Schriftsteller und ist Mentor für Menschen in Verantwortung. In seinen Texten erzählt er von seinen Erfahrungen und Einsichten, gibt Impulse und Denkanstöße, lotet die Räume zwischen Fiktion und Wirklichkeit aus.

Stefan Fourier ist verheiratet und lebt mit seiner Frau idyllisch mitten im Deister. Seine Vorlieben: Neues entdecken, Reisen, Wandern, Garten, Enkel, Golf, gute Geschichten, orientalisches Essen und mit den Nachbarn zu klönen.

www.fourier.de

Stefan Fourier, Auswahl seiner Bücher:

Schlau statt perfekt
Wie Sie der Perfektionismusfalle entgehen und mit
weniger Aufwand mehr erreichen
BusinessVillage, Göttingen 2015
ISBN 978-3-86980-328-9

Die Sandwich Connection
Wie Sie tragfähige Netzwerke aufbauen und Ihre
Souveränität zurückgewinnen
BusinessVillage, Göttingen 2016
ISBN 8-3-86980-349-4

Wir führt!* – *Das Humanagement Manifest
Fundamentale Denkprinzipien für Führungskräfte
BusinessVillage, Göttingen 2019
ISBN (Druck) 978-3-86980-495-7

Eisbär und Pinguin – Gemeinsam sind wir stark
Eine Fabel über die Rettung der Welt
BoD, Norderstedt 2021
ISBN 78-3-7543-5600-5

Golfen mit Opa
Wie man Kinder fürs Golfspiel begeistert
Literareon im Utzverlag, 2020
ISBN 978-3-8316-2172-9

Die Bank am Rande des Waldes
Ein Gespräch über Glück und den Sinn des Lebens
tredition, Ahrensburg 2023
ISBN 78-3-347-98777-7

Nebel
Hinter der Angst ist das Leben
tredition, Ahrensburg 2024
ISBN 8-3-384-19340-7

Leseprobe

Die Bank am Rande des Waldes

Ein Gespräch über Glück und den Sinn des Lebens

… Gerade will ich weitergehen, als mein Blick auf die Bank fällt.

Sie steht am Rande des Waldes, direkt unter einem Haselgebüsch. Ich kann mich nicht erinnern, sie hier schon einmal gesehen zu haben. Dabei bin ich diesen Weg schon manches Mal gegangen. Erst heute fällt sie mir auf, unter die Zweige geschmiegt, mit Ausblick über den sanften Abschwung der Felder und Wiesen. Dabei wirkt sie nicht neu, sondern leicht verwittert, als würde sie schon Jahre hier sein.

Ich denke nicht weiter darüber nach, sondern freue mich über die schöne Gelegenheit einer Rast. Ich setze mich. Welch ein

wunderschöner Ausblick ins Tal. Meinen kleinen Rucksack stelle ich neben mich auf die
Bank. Ich denke an den leicht geweißten Kaffee
in der Thermoskanne und die frisch geschmier-
ten Brote. Aber ich lasse die Sachen noch im
Rucksack. Erst einmal ankommen. Ich atme die
einsame Stunde inmitten der Natur.

Vor mir breitet sich eine bunte Wiese aus.
Der Fingerhut springt ins Auge, purpurnes
Lila. So schön und so giftig. Dazwischen ragen
hohe Disteln, prächtig mit ihren Blütenbällen.
Am Rand zum Wald hin stehen Glockenblu-
men. Gundermann macht sich überall breit.
Es ist schön hier.

Meine Gedanken mäandern.

Kindheit. Schulzeit. Studium. Meine Kinder.
Die Enkel. Meine Frau. Beruf. Erfolg und Schei-
tern. Siege.

Alles Erinnerung. Mein Atmen wird flacher. Dann muss ich tief schnaufen und bin wieder hier.

Hinter mir ein Geräusch. Jemand kommt durch den Wald und strebt der Bank zu, auf der ich sitze. Ich straffe mich ein wenig.

Will ich Gesellschaft?

Eher nicht.

Vielleicht geht der Mensch vorbei. Nein. Vor mir steht ein alter Mann. Hochgewachsen. Hager. Strahlendes Lächeln.

„Darf ich mich dazusetzen?". Eine angenehme, ruhige Stimme. Die Haltung sehr zugewandt.

Ich nicke und rücke ein Stückchen zur Seite. Er setzt sich. Sein Blick schweift.

„Schön hier."

Dann Schweigen. Es ist ein bisschen, als würde er sich auflösen.

Ich mustere ihn verstohlen von der Seite. Hose und Hemd sind von grobem Stoff, an ein paar Stellen geflickt, aber penibel sauber. Er hat das rechte Bein über das linke geschlagen, den rechten Ellbogen auf sein Knie gestützt und das Kinn leicht auf Daumen und Zeigefinger gelegt. So schaut er in die Ferne. Er ist sicher beträchtlich älter als ich, obwohl seine Haut noch glatt ist und sein Körper Kraft ausstrahlt. Aber sein schlohweißes Haar, die Falten um Augen und Mund und seine knochigen Hände lassen es vermuten.

Das Schweigen breitet sich aus. Es nimmt mich ein. Seine Ruhe und seine Gelassenheit gehen fühlbar auf mich über. Ich schaue wieder geradeaus ins Tal. Es gibt nichts Besonderes zu tun. Stille.

„Was ist Sinn?", höre ich den Alten. Ich schaue ihn an, aber er blickt unverwandt geradeaus.

„Wie meinen sie das?", frage ich. Statt einer Antwort wendet er mir sein Gesicht zu und schaut mich an.

…

(erschienen 2023, ISBN 978-3-347-98777-7)

Leseprobe

Nebel

Hinter der Angst ist das Leben

… Wir laufen nie allein. Stets sind andere um uns. Wir berühren uns. Zärtlich, heftig, zufällig, absichtsvoll. Manche laufen eine Weile gemeinsam. Das macht es leichter. Zunächst. Wir spornen uns an, stützen uns gegenseitig. Wir behindern uns und schleppen andere mit.

Wir zeugen und laufen der Geburt unserer Kinder entgegen. Wir warten auf sie. Eines Tages sind sie da, aus der Zukunft geboren, während Alte in der Vergangenheit versinken. Kinder bremsen unseren Lauf, verlangen mehr Anstrengung. Sie mobilisieren unsere Kräfte, und verbrauchen sie. Sie zahlen mit ihrer Jugend zurück, mit ihrer Fröhlichkeit und Wildheit, mit Aufmerksamkeit. Sie ahmen uns nach. Dafür lieben wir sie. Sie laufen erst langsam, an unserer Hand. Dann schneller und neben uns. Später rennen sie allein, entfernen sich. Sie treiben die Welt weiter, immer schneller. Sie entschwinden unseren Blicken.

Mit der Zeit bürden wir uns mehr auf, schleppen Ballast mit uns, Dinge, die wir glauben zu brauchen. Wir bauen Häuser, die wir vollstellen. Wir tragen Schmuck und Unmengen an Kleidung. Wir häufen Besitz. Er schafft Sicherheit, Annehmlichkeiten, Ansehen. Er macht uns träge, lässt uns langsamer laufen. Um mitzuhalten, brauchen wir Beschleuniger. Pferdekutsche, Eisenbahn, Auto, Flugzeug, Telefon, Internet. Alles beschleunigt uns. Ohne Beschleuniger fallen wir zurück. Wir brauchen mehr davon, mehr und mehr.

Ich laufe, dränge nach vorn. Der Weg liegt vor mir. Was kommt hinter der nächsten Biegung?

ZWEI

Ich fahre zur Arbeit. Es regnet. Der Scheibenwischer schafft es kaum. Ich schalte ihn eine Stufe höher. Der Verkehr wird dichter, je näher ich der Stadt komme. In Gedanken gehe ich meine Termine durch. Teambesprechung 9 Uhr, ab 10 Uhr kommen Kunden, denen ich unsere Projekte präsentieren werde. Dann gemeinsam zum Essen, anschließend E-Mails bearbeiten und noch eine Diskussion über die Einführung der neuen Software. Dazwischen Telefontermine. Am Ende des Tages mit der Liebsten ins Kino. Alles klar, perfekt geplant. Ich grinse vor mich hin. Mein Blick gleitet über das Wurzelholz der Mittelkonsole. Luxus. Ich fühle mich wohl darin. Sicher und geborgen. Ich will mehr davon. Reichtum gibt mir Sicherheit.

Meine Zukunft in der Firma schillert in verlockenden Farben. Demnächst werde ich Partner, denn mein Projekt in Dubai läuft fantastisch. Irgendwann wird dann der nächste Schritt kommen, in die Geschäftsführung. Ich will nach oben, an die Spitze.

Ich steuere um die Kurve. Der vorausfahrende Wagen nimmt mir die Sicht und schleudert Wassermassen gegen die Windschutzscheibe. Ich sehe die Gefahr nicht, die mir die Zukunft bereithält. Sie stürzt sich auf mich. Es kracht. Es wird dunkel.

Schmerz dringt in mein Bewusstsein. Dahinter sind Stimmen. Sie stören, rütteln an mir. Ich versuche, mich aufzurichten. Sinke zurück. Dann wieder Schmerz, Stimmen. Jetzt schaffe ich es. Ich sehe ein Gesicht über mir.

„Hören sie mich? Sie hatten einen Unfall. Wie ist ihr Name? Wie heißen sie?"

…

(erschienen 2024, ISBN 8-3-384-19340-7)

MIX

Papier | Fördert
gute Waldnutzung

FSC® C083411

Zeitfracht Medien GmbH
Ferdinand-Jühlke-Straße 7
99095 Erfurt, Deutschland
produktsicherheit@kolibri360.de